harmony
of languages

German

lyric
by
Ralf Schröder

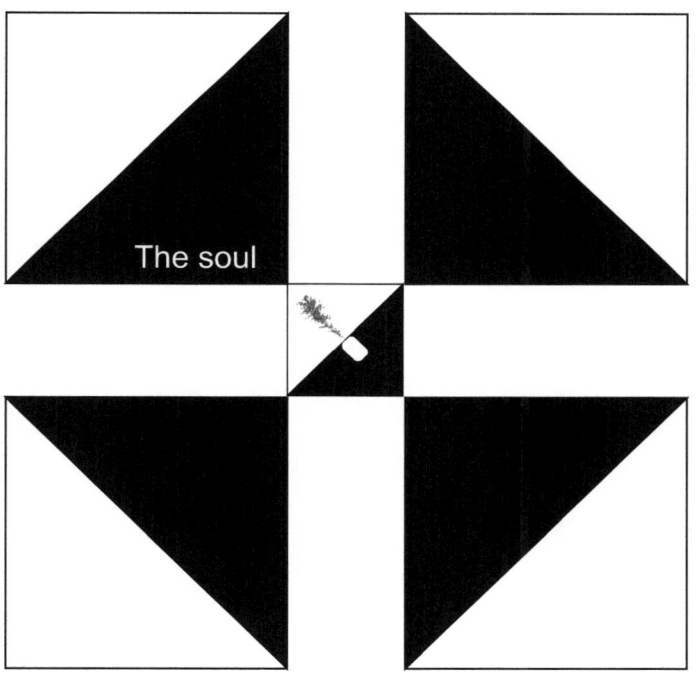

The soul

humane, the soul

© 2022, Ralf Schröder
Printed and published by: BoD - Books on
Demand, Norderstedt
ISBN: 9783755768586

So etwas gibt es nicht
ein Zufall in der Welt
nur eine unendliche Kette von Ereignissen.

Wenn es kein Zufall ist
so etwas gibt es nicht
Glück und Unglück.

Glück und Pech
wird vom Verstand geschaffen.

Something like that does not exist
a coincidence in the world
just an infinite chain of events.

If it's not a coincidence
something like that does not exist
happiness and misfortune.

Good luck and bad luck
is created by the mind.

Die Würde der Seele
sie ist unberührbar.

Es ist notwendig,
das ist Verantwortung,

von uns allen,
von dir und mir.

The Dignity of the Soul
she is untouchable.

It is necessary,
that is responsibility,

from all of us,
from you and me.

Erde und Sonne,
Mensch und Natur,
wie harmonisch
du kennst sie.

Leben auf der Erde,
ist eine Art Geben und Nehmen,
eine Gemeinschaft,
vergiss nie zu geben.

Earth and sun,
human and nature,
how harmonious
you know her.

Life on earth,
is a kind of give and take,
a community,
never forget to give.

Ein Weg zum Ziel,
du willst das Ziel erreichen,
es gibt viele Brücken,
die Zeit wird schnell vergehen.

Kümmere dich um andere,
setze dich für die Gemeinschaft ein,

so bist du,
erreiche deine Ziele,
das ist Frieden,
ohne ihn kommt keiner weit.

A way to the goal,
you want to reach the goal
there are many bridges
the time will pass quickly.

Care about others
stand up for the community

so you're,
achieve your goals
this is peace
nobody gets far without him.

Wenn Donner und Blitz
den Tag erhellen
wenn Angst geschürt wird
um den Sieg zu erringen.

Wenn Leute schlechte Dinge sagen
ein Aufenthalt bei uns
wird in Zukunft scheitern.

Dann solltest du
mit der Vergangenheit
bereit sein zu nehmen
Verantwortung, Verantwortung
für unsere Zukunft.

If thunder and lightning
brighten the day
when fear is fueled
to gain victory.

When people say bad things
a stay with us
will fail in the future.

Then you should
with the past
be ready to take
responsibility, responsibility
for our future..

Nicht glänzend
nicht berühmt
nicht Reichtum
entscheiden.

Es ist der Verstand und das Herz
bei uns Menschen.

Das macht die Seele glücklich,
Ihre eigenen und jene
von Fremden.

Not shiny
not famous
not wealth
decide.

It's the mind and the heart
with us humans.

that makes the soul happy
Your own and those
from strangers.

Rette die Ozeane,
Flüsse vor Verschmutzung,
beschütze die Natur,
rette den Wald vor dem Tod,
beschütze unsere Seelen.

Aus der Vergangenheit,
Natur verstehen.

Die Natur ist keine Bedrohung
ohne Natur existiert der Mensch nicht.

Save the oceans,
rivers from pollution,
protect nature,
save the forest from death,
protect our souls.

From the past,
understand nature.

Nature is not a threat
without nature man does not exist.

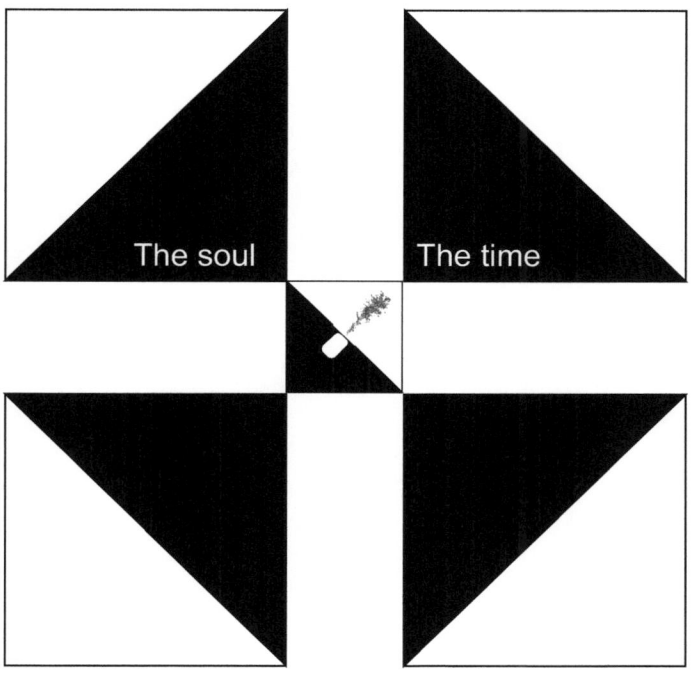

The soul   The time

humane, the time

Kein Augenblick des Lebens,
an der Seele
geht vorbei.

Auch wenn die Zeit vergeht
die Gemeinde
schützt den Moment..

Not a moment of life
at the soul
passes.

Even if time flies
the community
protects the moment.

Wie spät ist es?

Wer baut die Zeit?

Hat sie Kinder?

Gibt es einen Anfang, ein Ende?

What time is it?

Who builds the time?

Does she have children?

Is there a beginning, an end?

Sie ist endlich.

Sie ist nur ein Teil des Ganzen.

Sie ist menschengemacht.

Sie ist eine Erfindung.

She is finite.

She is only part of the whole.

She is man made.

She is an invention.

Menschen sind
auf der Erde,

Sonne und Mond
in Worten beschrieben,

im Austausch
von Dunkelheit und Licht,

die Momente
als Zeit beschrieben.

People are
on earth,

Sun and moon
described in words,

in exchange
of darkness and light,

the moments
described as time.

Der Impuls die Zeit
in Worten und Zahlen
zusammenfassen,

kam aus Zwang
wiederkehrende Momente,

um die Ereignisse aufzuzeichnen
um dies zu verwenden,

für die Gemeinde.

The impulse the time
in words and numbers
summarize,

came out of compulsion
recurring moments,

to record the events
to use this

for the community.

Mensch und Zeit
sind untrennbar miteinander verbunden
wie der schwarze
und das wissen.

Denn der Mensch
kann nur existieren
weil das licht
der Schatten

im Wechselspiel der Zeit
miteinander spielen.

Man and time
are inextricably linked
like the black one
and know that.

Because the human
can only exist
because the light
the shadow

in the interplay of time
play with each other.

Die Erde und der Mond,
die Sonne,
die Planeten,

sind nur ein Teil
eines Ganzen
wie Mensch
und die Natur.

Keine Bewegung,
aus der Gemeinde,
die Zeit
wird untergehen.

The earth and the moon,
the sun,
the planets,

are just a part
of a whole
like human
and nature.

No movement
from the community
the time
will go down.

Sie dreht sich
ohne Unterlass,
die Erde,
die Zeit.

Was für ein Glück
es gibt keine Rückkehr
kein Zurück.

Denn die Zukunft
ist getrennt,
entgegen der Vergangenheit.

She turns
without ceasing,
the earth,
the time.

What luck
there is no return
no turning back.

Because the future
is separated,
against the past.

Wird dieses Gesetz
der Natur, der Schöpfung
in Frage gestellt,

die glücklichen Momente
Momente der Einsicht
immer in Gefahr

verschwunden
in Ungewissheit
die Möglichkeit
Veränderung.

Will this law
of nature, of creation
questioned,

the happy moments
moments of insight
always in danger

disappeared
in uncertainty
the possibility
Change.

Das Hier, der Augenblick
die Anwesenheit

sind nun
Teil der Vergangenheit.

Du bist Teil
unser Leben auf Erden.

in Einsamkeit
sowie in der Gemeinde.

The here, the moment
the presence

are now
part of the past.

You are part
our life on earth,

in solitude
as well as in the community.

Ereignisse und Momente
eine Linie erstellen,

die Summe dieser
bildet einen Bereich.

Die Gemeinde
ist der Inhalt.

Ohne Willen
keine Reise
zum Ziel.

Events and moments
create a line,

the sum of these
forms an area.

The community
is the content.

Without will
no trip
to the goal.

Nutze die Zeit
dir geschenkte Zeit
Gutes schaffen
für uns, für das Leben.

Die Zeit muss
nach dir verwendbar sein.

vergiss dich nicht
es braucht Kraft
es braucht Ruhe
es nimmt teil
zu unserer Zeit.

Use the time
time given to you
create good
for us, for life.

The time must
be usable after you.

Don't forget you
it takes strength
it needs rest
it participates
at our time.

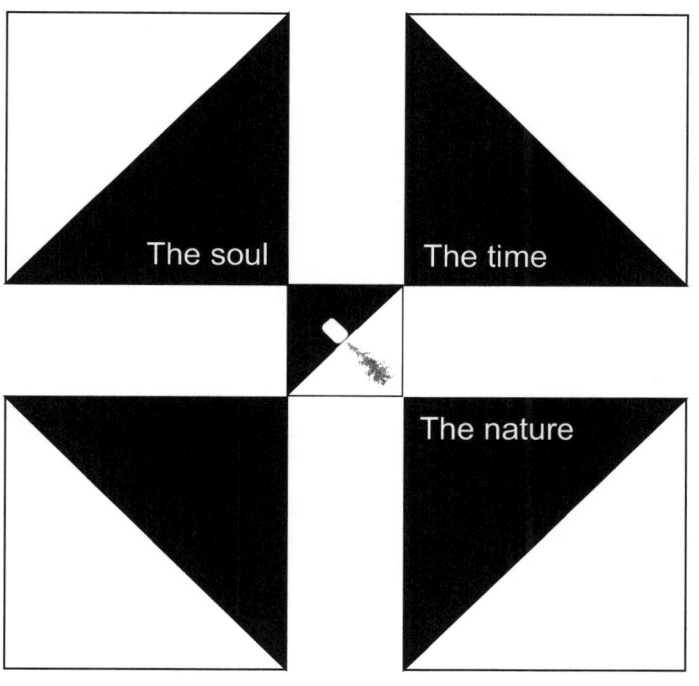

The soul

The time

The nature

humane, the nature

Sterne, Sonne, Mond, Erde
eine Einheit.

Der Mensch nennt es Natur.

Hat er Respekt
kann er bleiben.

Stars, Sun, Moon, Earth
one unity.

Man calls it nature.

Does he have respect
can he stay.

Am Anfang

stand die Dunkelheit
die Leere im Nichts.

Der Zufall
der nicht existiert
geschaffene Elemente der Natur.

At the beginning

stood the darkness
the emptiness in nothing.

The coincidence
who doesn't exist
created elements of nature.

War es Zufall
oder
eine unendliche Kette
von Momenten?

Am Ende
ein Geschenk,
die Erde dreht sich in Harmonie

um die Sonne.

What it coincidence
or
an infinite chain
of moments?

At the end
a gift,
the earth rotates in harmony

around the sun.

Durch Feuer
aus Wasser
auf der Erde
die Natur entstand.

Es war nur einer
von glücklichen Momenten
er hatte uns
vor der Dunkelheit

geschützt.

By fire
of water
on earth
nature came into being.

It was only one
of happy moments
he had us
before the dark

protected.

Nicht jeden Moment
in der Vergangenheit,

richtige Elemente haben
erfüllt die Grundlage
für das Leben.

Auf der Erde
gelang es.

Not every moment
in the past,

have correct elements
fulfills the basis
for life.

On earth
managed.

Nicht der Tag
ist wie ein anderer Tag
der Moment
ist einzigartig.

Die Mutter Natur
ist zu keiner Zeit
bereit für alles.

Sie kann es nicht ertragen
dass sie missbraucht wird
sondern freut sich
über jeden Samen,
der aufgeht.

Not the day
is like another day
the moment
is unique.

The mother nature
is at no time
ready for anything.

She can't take it
that she is being abused
but rejoices in every seed
that sprouts.

Um Danke zu sagen
um den Samen zu behalten
vor dem Verfall,
die Versenkung
das Vergessen.

Die Saat darf nicht vergessen werden
braucht Pflege
muss gegossen werden
sonst geht der Same zugrunde.

To say thank you
to keep the seed
before decay,
the sinking
the oblivion.

The seed must not be forgotten
needs care
must be poured
otherwise the seed perishes.

Wenn Wasser
sehnt sich nach der Tiefe
der Mittelpunkt
gegen die Kraft.

Wenn das Elixier des Lebens
muss ständig dagegen ankämpfen
bei Kreaturen
hier auf der Erde

dann ist es nicht
nur der Wille
im Spiel.

If water
longs for the deep
the middle-point
against the force.

If the elixir of life
constantly have to fight against it
at creatures
Here on earth

then it is not
only the will
in the game.

Im Spiel der Elemente
in unserer Natur
entscheidet sich nicht immer
die Macht

aber immer der Wille
von Kreaturen
wenn du es willst
gegen die Erinnerungen
gegen die Vergangenheit

mit der Zeit.

In the play of the elements
in our nature
doesn't always decide
the power

but always the will
of creatures
if you want it
against the memories
against the past

with time.

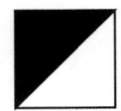

Ist Magnesium
ein Baustein der Natur?

Ist Eisen
ein Baustein des Lebens?

Ist die erste
Elemente ein Baustein?

Ist unser
Sauerstoff
einer von diesen?

Is magnesium
a building block of nature?

Is iron
a building block of life?

Is the first
elements a building block?

Is ours
oxygen
one of these?

Ja alle sind
ein wesentliches Element.

Ein Element jeder Gemeinschaft
auf der Erde.

Aber die Beziehung
zwischen Grün
das Leben ist sensibel.

Der Mensch
ist nur ein Teil davon.

Yes all are
an essential element.

An element of every community
on earth.

But the relationship
Between green
Life is sensitive

The human being
is just part of it.

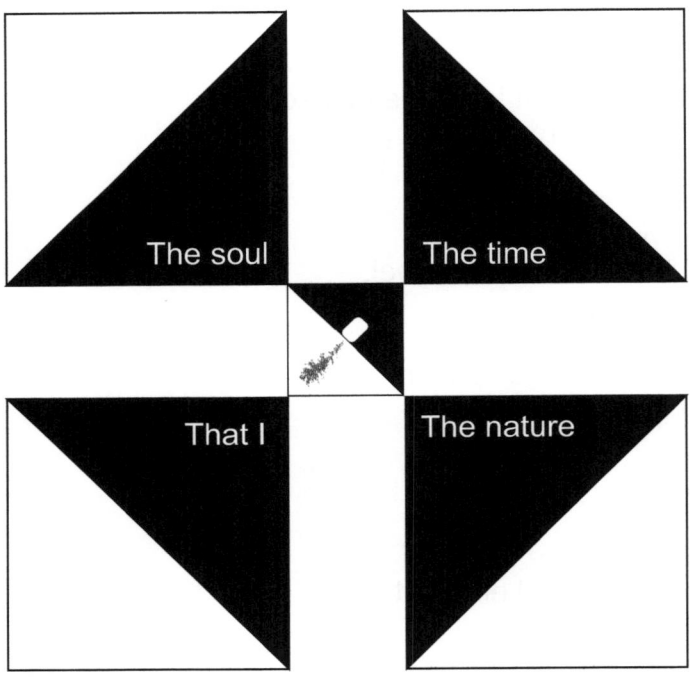

The soul

The time

That I

The nature

humane, the nature

Es lebt nur zusammen
wenn du, das ich
trägt zusammen.

Jeder bestimmt das Wir für sich
in der Reihe
mit der Natur.

Nur wenn das Individuum
in der Gemeinde, die es will
das Ich wird zum Wir.

It only lives together
if you, that me
carries together.

Everyone determines the we for themselves
in line
with the nature.

Only if the individual
in the community that wants it
the I becomes the we.

Fehler machen
ist ein Menschenrecht.

Fehler einzugestehen
ist eine menschliche Pflicht.

Make mistakes
is a human right.

Admitting mistakes
is a human duty.

Das Ziel erreichen
ist der Wunsch
Von allen.

Auf dem Weg
zu treten
zum Ziel,
setzt den Willen voraus
den Weg zu beginnen

mit anderen den Weg
zu gehen.

To reach the goal
is the wish
From all.

On the way
to kick
to the goal,
presupposes the will
to start the way

with others the way
to go.

Gemeinschaft ist

wenn du
zusammen
hilfst und schützt

obwohl
wo Zuhause

jeder ist.

Community is

if you
together
helps and protects

although
where at home

everybody is.

Der Eine
verbindet
die Menschen,

nur
zusammen
du kannst es schaffen
das Ziel

Gemeinschaft
zu
Leben.

The one
connects
the people,

only
together
you can do it
the goal

community
to
Life.

Unsere
Leben
sind zu
vielseitig,

sie als Ganzes
im Fluss der Zeit
in Frage zu stellen.

Our
life
are closed
versatile,

them as a whole
in the flow of time
to question.

Jeder sollte
einen Beitrag leisten
auf unserer Erde

mit seinem Verstand
nach seinem Ermessen

es für die Zukunft
positiv zu machen.

Everyone should
contribute
on our earth

with his mind
at his discretion

it for the future
to make positive.

Beim Denken
ist Minimalismus
vorteilhaft

in wenigen Augenblicken herum
maximale Effizienz
erreichen zu können

wenn Zeit
gerettet
muss sein.

When thinking
is minimalism
advantageous

around in a few moments
maximum efficiency
to be able to reach

if time
rescued
must be.

Schach ist ein Spiel
ohne Blut ohne Leiden
sondern auch über sich selbst
gegen andere zu beweisen.

Schwarz und weiß
ist nur das Spiegelbild
von Licht und Schatten
im Spiel

eine Farbe von dir und mir.

Chess is a game
without blood without suffering
but also about yourself
to prove against others.

Black and white
is just the reflection
of light and shadow
in the game

a color of you and me.

Das Licht sollte
dich führen
gleich wie
wo Du
das Ziel, das Sie vor Augen haben
erreicht den Horizont in der Zukunft.

Sei bereit
Umleitungen
für Sie zu akzeptieren

Du erlebst die Wahrheit.

The light should
guide you
same as
where you
the goal you have in mind
reaches the horizon in the future.

Be ready
diversions
for you to accept.

You experience the truth.

Nutzen Sie unsere Präsenz
zur gemeinsamen Vergangenheit
Erinnerungen auszutauschen
und die Zukunft
unter den Eindrücken
positiv zu machen.

Jeder von uns lebt nur einmal
also nur für begrenzte Zeit
unsere Seelen hingegen leben ewig.

Use our presence
to the common past
to exchange memories
and the future
under the impressions
to make positive.

Each of us only lives once
so only for a limited time
our souls, on the other hand, live forever.

Kein Weg ist zu weit,
wenn ich es will.

Es ist noch nicht erreicht,
weit ist nicht der Weg.

Was jeder wird,
bestimmt der Weg zum Ziel.

Nur es zählt
der Weg zum Ziel
beginne zu laufen.

No way is too far,
if i want it.

It has not yet been reached
far is not the way.

What everyone becomes
determines the way to the goal.

Only it counts
the way to the goal
start walking.

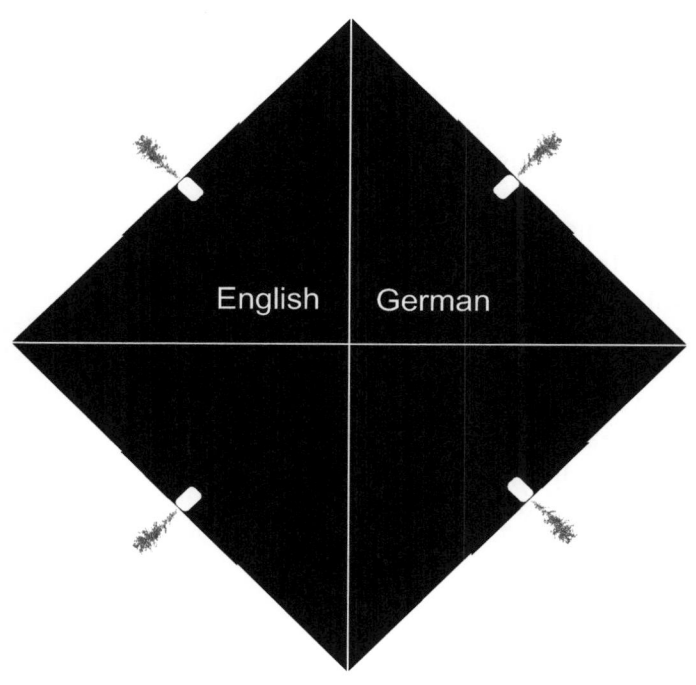

English | German

harmony of languages

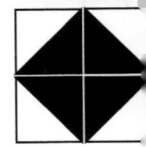

War and peace,
decline and progress,
perish and prosper
past that must be accepted.

With this knowledge
with these insights
with the inventions of that time,
more than repetition is possible.

It is now in man's hands
with each other, together
to keep the present
shape the future in peace.

Teil dieser Welt
aus der Gemeinschaft geboren,
durch Bänder verbunden,
von der Natur geprägt.

Der Mensch als Teil
mit Ideen die Vergangenheit gestaltet,
Verderben mit anderen gebracht,
hat es jetzt in Frieden geschafft.

Part of this world
born of the community,
connected by ribbons,
shaped by nature.

The people as part
shaped the past with ideas,
brought ruin with others,
made it to now in peace..